Die Zeit im Griff behalten mit Outlook
Outlook richtig nutzen
Zeitmanagement mit Outlook 2010-2019

von Peter Schnoor

Managen Sie mit Outlook Ihre Zeit

Die Zeit vergeht entweder wie im Flug oder sie zieht sich endlos hin. Im Endeffekt haben wir alle zu wenig Zeit, deshalb empfiehlt es sich, diese clever einzusetzen. Bei dieser Aufgabe kann Outlook Ihnen helfen.

Häufig wird Outlook als reines E-Mail-Programm eingesetzt, dabei vermag diese Anwendung viel mehr. Wir werden uns daher das Programm einmal aus der Sicht des Zeitmanagements ansehen. Dazu fangen wir mit dem Notizenmodul an, wechseln dann zu den Aufgaben, danach konkretisieren wir die Aufgaben zu Tagesplanungen und landen schließlich bei den Nachrichten.

Auf dieser Reise werden wir uns mit den Methoden der modernen Zeitplanung beschäftigen.

Sind Sie bereit für diese Reise? Dann lassen Sie uns beginnen

Inhaltsverzeichnis:

So planen Sie Ihren Tag: Das ALPEN Prinzip

Das erste Reiseziel sind die Alpen. Nein, nicht wirklich. Aber mit dem Alpen Prinzip können Sie erst einmal eine Zielplanung erstellen. Ohne ein konkretes Ziel kommen Sie selten weiter. Der Begriff ALPEN setzt sich folgendermaßen zusammen:

A: Aufgaben erfassen und Termine erstellen

L: Die Länge Ihrer Aufgaben und Termine einschätzen

P: Nicht alles läuft wie geplant, Pufferzeiten reservieren

E: Entscheidungen treffen, was erledigt werden muss

N: Nachkontrolle, was Sie tatsächlich erledigt haben

Wenn Sie sich dieses Prinzip verinnerlichen, gehen Ihnen keine Ziele mehr verloren.

Setzen Sie das ALPEN Prinzip in Outlook um. Notieren Sie dazu alle Ihre Zielvorstellungen. Wenn Sie in dieser Phase noch keine Gliederung für Ihre Ziele haben, ist das nicht tragisch. Nutzen Sie den Notizenbereich von Outlook und schreiben Sie dort alle Ihre Intentionen auf. Danach wandeln Sie die Notizen in Aufgaben um.

Anschließend schätzen Sie die Länge einer Aufgabe ab. Das ist keine leichte Problemstellung. Arbeiten Sie idealerweise mit keinem Anfangstermin, sondern nur mit einem Endtermin. Wenn Sie das nicht berücksichtigen, wird Outlook die vorgegebene Zeitspanne beibehalten und somit den Anfangstermin oder den Endtermin automatisch mitverschieben. Das ist meistens nicht gewollt.

Wenn Sie die Aufgabe in einen konkreten Termin umwandeln, denken Sie daran, Pufferzeiten einzuplanen. Meistens verläuft ein Tag nicht immer so, wie Sie ihn geplant haben. Achten Sie einmal darauf, wo fremde Zeitfresser auftauchen und versuchen Sie, die Zeit für diese ungeplanten Unterbrechungen aufzuschreiben. Bei immer wieder auftretenden Störelementen, wie zum Beispiel unnötigen Telefonaten, versuchen Sie, diese zu verhindern. Leiten Sie dann Ihr Telefon um oder schalten Sie direkt auf den Anrufbeantworter. Dadurch schaffen Sie sich Zeiten ohne Störungen.

Treffen Sie Entscheidungen darüber, was wirklich wichtig für **Sie** ist. Dabei hilft Ihnen eine ABC Analyse weiter. Kontrollieren Sie anschließend, was Sie tatsächlich geschafft haben. Dadurch wir Ihr Zeitgefühl für anstehende Aufgaben immer besser.

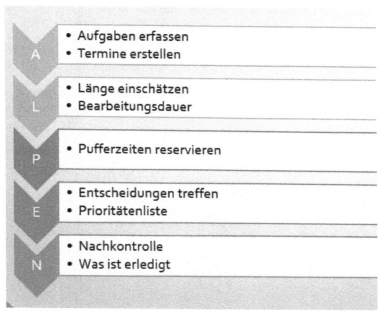

A
- Aufgaben erfassen
- Termine erstellen

L
- Länge einschätzen
- Bearbeitungsdauer

P
- Pufferzeiten reservieren

E
- Entscheidungen treffen
- Prioritätenliste

N
- Nachkontrolle
- Was ist erledigt

Abbildung 1: Das Alpen Prinzip hilft Ihnen dabei, den Tag optimal zu planen und Ihre Ziele zu erreichen.

Von der Notiz zur Aufgabe

Viel zu selten wird der Notizenbereich von Outlook genutzt. Hier können Sie, völlig unstrukturiert, erst einmal alle anstehenden Ziele eintragen. Durch die Möglichkeit, eine Notiz direkt in eine Aufgabe umzuwandeln, stehen Ihnen anschließend alle Funktionen von Outlook zur Verfügung.

Wichtig ist es, zunächst einmal alle Vorhaben aufzuschreiben. Dadurch gehen diese nicht verloren. Dabei kann es sich auch um Ziele handeln, die Sie vielleicht niemals verwirklichen. Geben Sie auch phantastischen Zielen eine Chance, indem Sie diese aufschreiben. Später können Sie nicht zu verwirklichende oder als unnütz erscheinende Ziele immer noch löschen.

So erstellen Sie neue Notizen:

Aktivieren Sie in Outlook den *Notizenbereich*. Sie finden ihn in den Outlook Modulen. Falls er nicht angezeigt wird, klicken Sie im unteren rechten Bereich die „Navigationsoptionen" und wählen Sie dann das Modul „Notizen" aus. Der Bereich „Meine Notizen" wird angezeigt. Mit einem Klick auf das Symbol „Neue Notiz" erfassen Sie einen neuen Eintrag.

Tippen Sie in das jetzt eingeblendete Notizblatt eines Ihrer Ziele ein. Sie wollen zum Beispiel ein Buch schreiben. Tippen Sie dann in die Notiz ein: „Buchprojekt".

Wenn Sie weitere Gedanken zu diesem Ziel haben, scheuen Sie sich nicht, diese sofort aufzuschreiben. Dadurch geht keiner Ihrer Einfälle verloren. Schreiben Sie zum Beispiel dazu: „Titel: Meine erste Homepage mit HTML".

Beenden Sie die Eingabe zu dieser Notiz durch einen Klick auf das Schließen Symbol (x) im rechten oberen Bereich der Notiz.

Abbildung 2: Schreiben Sie Ihre Ideen als Notizen auf.

Geben Sie auf die gleiche Art und Weise weitere Ziele ein. Jedes Ziel sollte eine eigene Notiz werden.

Wenn Sie alle Ihre Ziele und Aufgaben erfasst haben, schalten Sie die Outlook-Ansicht auf die Übersicht um. Aktivieren Sie dazu im Bereich „Aktuelle Ansicht" das Symbol „Notizenliste". Jetzt werden Ihnen alle erfassten Notizen in einer Liste angezeigt. Das ist die ideale Darstellung, um Ihre Notizen zu Aufgaben umzuwandeln.

Um eine Notiz in eine Aufgabe umzuwandeln, müssen Sie sich zunächst überlegen, ob Sie die Notiz im Bereich der Notizen behalten wollen, oder ob Sie diese verschieben möchten. Aus Sicht der Informationsflut, die Sie zu bewältigen haben, empfehle ich das Verschieben der Notiz. Dadurch wird die Notiz im Bereich der Notizen gelöscht und es wird eine Aufgabe daraus erstellt. Beim Kopieren der Notiz in den Aufgabenbereich bleibt die Notiz im Bereich der Notizen bestehen.

Klicken Sie im Menüband auf das Symbol „Verschieben". Wählen Sie den Befehl „In anderen Ordner" aus. Das Dialogfenster „Elemente verschieben" wird eingeblendet. Wählen Sie den Ordner „Aufgaben (nur dieser Computer)" aus. Schon haben Sie aus Ihrer Notiz eine Aufgabe erzeugt.

Wenn Sie die Notiz im Bereich der Notizen stehen lassen möchten, warum auch immer, wählen Sie den Befehl „In Ordner kopieren" aus.

Verschieben Sie auf diese Art und Weise alle Notizen, die Sie zu Aufgaben machen möchten.

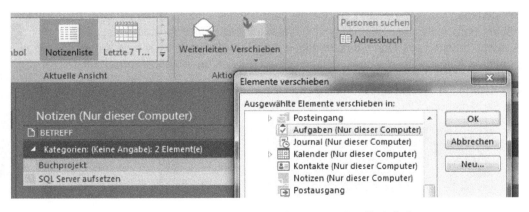

Abbildung 3: Aus der Listenansicht Ihrer Notizen erstellen Sie Aufgaben.

Aufgaben und deren Zeitspanne

Die Aufgaben in Outlook sind nichts Anderes als Ihre Ziele. Und Ihre Ziele lassen sich in mehrere Kategorien einteilen. Da gibt es zunächst die langfristigen Ziele, die einen Zeitraum von ein bis fünf Jahren umfassen. Dann kommen die mittelfristigen Ziele mit einem Zeitrahmen von ein bis zwölf Monaten. Außerdem gibt es noch die kurzfristigen Ziele, die in ein bis vier Wochen geschafft werden sollen. Last but not least gibt es noch Ihre Tagesziele, die in ein bis sieben Tage zu erledigen sind.

Zum Kategorisieren Ihrer Ziele bieten sich die **Kategorien** von Outlook an. Wechseln Sie zunächst in den Bereich „Aufgaben". Lassen Sie sich nicht durch den Ordner „Aufgabenliste" irritieren. Hier werden auch E-Mails angezeigt, die Sie zur Nachverfolgung gekennzeichnet haben. Aktivieren Sie stattdessen den Ordner „Aufgaben (Nur dieser Computer)". Hier finden Sie alle aus dem Notizenbereich verschobenen oder kopierten Notizen als Aufgaben wieder.

Öffnen Sie eine der Aufgaben mit einem Doppelklick. Sie finden im Menüband „Aufgabe" in der Gruppe „Kategorien" das Symbol „Kategorisieren". Wählen Sie mit einem Klick auf dieses Symbol den Befehl „Alle Kategorien" aus. Das Dialogfenster „Farbkategorien" wird eingeblendet.

Bei der ersten Verwendung dieser Kategorien werden lediglich Farben angezeigt. Um eine Kategorie mit einem Namen zu versehen, klicken Sie in die entsprechende Farbkategorie und aktivieren Sie dann die Schaltfläche „Umbenennen". Tippen Sie jetzt den gewünschten Namen ein.

Wiederholen Sie den Vorgang, bis Sie die Lang-, Mittel- und Kurzfristkategorien festgelegt haben. Setzen Sie dann einen Haken in das Kontrollkästchen der Kategorie, die Ihre Aufgabe erhalten soll. Durch das Betätigen der Schaltfläche „OK" wird die Kategorien für die geöffnete Aufgabe übernommen und im oberen Bereich der Aufgabe dargestellt.

Die Kategorien werden später auch an den Kalender weitergereicht. Dadurch behalten Sie die Farbkategorien jederzeit im Auge.

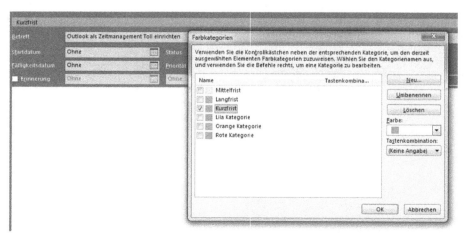

Abbildung 4: Durch das Kategorisieren von Aufgaben können Sie diese später in einer Liste nach Kategorien übersichtlich darstellen.

Was ist wichtig – eine ABC Analyse durchführen

Die ABC Analyse ist ein betriebswirtschaftliches Verfahren, mit deren Hilfe Sie Ihr Augenmerk auf besonders wichtige Dinge richten können. Die ABC-Analyse zeigt, für welche Aufgaben sich Ihr Engagement besonders lohnt und wo Durchschnittsbemühungen ausreichen. Die ABC Analyse lässt sich auf die unterschiedlichsten Objekte anwenden, zum Beispiel auch auf Ihre Ziele. Analysieren Sie Ihre Ziele nach Wichtigkeit.

Nicht alle Ziele sind gleich wichtig. Nachdem Sie alle Aufgaben kategorisiert haben, lohnt sich eine ABC-Analyse. Dabei fragen Sie sich bei jeder Aufgabe, ob diese Sie zu Ihrem angestrebten Ziel führt.

Zielführende Aufgaben, die für Sie persönlich wichtig sind, erhalten die Kategorie „A". Aufgaben, die zur Erreichung Ihrer Ziele untergeordnet sind, sind weniger wichtig und erhalten die Kategorie „B". Aufgaben, die nicht direkt zum Erreichen Ihrer Ziele führen aber trotzdem erledigt werden müssen, sind erst einmal unwichtig und erhalten die Kategorie „C".

Im Laufe der Zeit können sich die Prioritäten ändern. Sie sollten deshalb jede Woche Ihre Prioritäten überprüfen und bei Bedarf anpassen.

Zur Festlegung der Prioritäten bietet sich in Outlook die Funktion „Wichtigkeit" an. Auch diese finden Sie in der Gruppe „Kategorien".

A-Aufgaben erhalten die „Wichtigkeit: hoch". B-Aufgaben legen Sie nicht gesondert fest, alles was nicht mit der Wichtigkeit hoch oder niedrig gekennzeichnet ist, erhält automatisch die Wichtigkeit „normal" und entspricht in der ABC-Analyse einer „B-Aufgabe". Für C-Aufgaben aktivieren Sie die „Wichtigkeit: niedrig".

Um eine Wichtigkeit von „hoch" beziehungsweise „niedrig" wieder auf „normal" zu stellen, klicken Sie das entsprechende Symbol einfach noch einmal an. Die Symbole funktionieren wie Ein- Ausschalter.

Durch die ABC Analyse erkennen Sie sehr schnell, welche Aufgaben Sie wirklich weiterbringen.

Abbildung 5: Die ABC-Analyse hilft Ihnen dabei, wichtige Aufgaben zu erkennen. Die Festlegung aus der ABC Analyse lässt sich mit der Outlook Funktion „Wichtigkeit" darstellen.

Wichtig und dringlich kombinieren – das Eisenhower Prinzip

Leider reicht die ABC-Analyse nicht immer aus, um die Prioritäten richtig festzulegen. Denn es gibt da ärgerlicherweise noch die Dringlichkeit. Diese müssen Sie bei der Festlegung Ihrer Ziele mitbetrachten.

Das Dringende ist selten wichtig und das Wichtige selten dringend!

Leider gibt es nicht nur wichtige Aufgaben, einige Aufgaben sind dringlich, weil sie zum Beispiel zu einem in Kürze anstehenden Termin erledigt sein müssen.

Denken Sie daran: Wichtigkeit und Dringlichkeit sind grundverschiedene Dinge. Wichtiges bringt Sie Ihrem Ziel näher, dringliches erfordert Ihre unmittelbare Aufmerksamkeit.

Um Wichtigkeit und Dringlichkeit unter einen Hut zu bekommen, reicht die ABC Analyse nicht aus, da diese die Dringlichkeit nicht berücksichtigt. Hier kommt das „Eisenhower-Prinzip" zum Einsatz.

Dieses Prinzip wird teilweise kritisch betrachtet, da ein gutes Zeitmanagement gerade verhindern soll, dass Ziele sich als dringende Aufgaben in den Vordergrund schieben. Aber leider passiert das trotzdem immer wieder. Daher sollten Sie in Betracht ziehen, die Eisenhower Matrix für Ihre Zwecke einzusetzen:

Ihre Aufgabe ist wichtig und dringlich, dann erhält Sie die Kategorie „A".

Eine andere Aufgabe ist wichtig, aber nicht dringlich, und erhält deshalb die Kategorie „B".

Wenn eine Aufgabe dringlich, aber nicht wichtig ist, gehört diese in die Kategorie „C".

Falls eine Aufgabe weder wichtig noch dringlich ist, erhält sie die Kategorie „D".

Sie können sich das Ganze als Tabelle aufzeichnen und Ihre Aufgaben nach dieser Tabelle zuordnen. Am besten ist es, wenn Sie möglichst viele Ziele der Kategorie „B" zuordnen können, denn das bedeutet, dass Sie diese Aufgabe in Ruhe bearbeiten können. Jede Aufgabe, zu der die Dringlichkeit hinzukommt, die also die Kategorie „A" bekommt, kann schweißtreibend sein.

Bei Aufgaben, die weder wichtig noch dringlich sind, also der Kategorie „D" entsprechen, sollten Sie in Erwägung ziehen, diese ganz zu streichen. Oder Sie ordnen dieser Kategorie auch „C" zu, also der Wichtigkeit „Niedrig".

In diesem Fall können Sie weiterhin mit der Funktion Wichtigkeit arbeiten.

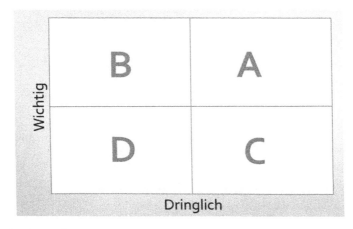

Abbildung 6: Mit Hilfe des Eisenhower-Prinzips können Sie sowohl die Wichtigkeit als auch die Dringlichkeit zuordnen.

Wenn Sie das allerdings nicht möchten, bieten sich auch hier die Farbkategorien an. Erstellen Sie für jede Einteilung eine eigene Kategorie und weisen Sie die jeweilige Kategorie Ihren Aufgaben zu.

Farbkategorie „A": wichtig und dringlich (Schweißtreibend)

Farbkategorie „B": wichtig (in dieser Kategorie sollten Sie sich häufig befinden)

Farbkategorie „C": Dringlich, aber nicht wichtig

Farbkategorie „D": Weder wichtig noch dringlich

Durch den Einsatz der neuen Farbkategorien gehen Ihnen die Kategorie für Lang-, Mittel- und Kurzfristplanung nicht verloren, denn Sie können einer Aufgabe mehrere Kategorien zuteilen. Sollten die vorhandenen Kategorien nicht ausreichen, erstellen Sie im Dialogfenster der Kategorien mit einem Klick auf die Schaltfläche „Neu" eine neue Kategorie.

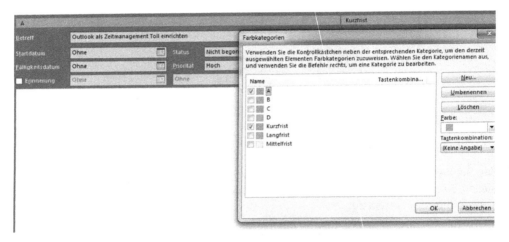

Abbildung 7: Zur Verwirklichung des Eisenhower Prinzips setzen Sie weitere Kategorien ein. Sie können pro Aufgabe mehrere Kategorien vergeben.

Eine Frage der Ansicht

Nach der Erfassung aller Ziele sollten Sie sich Gedanken über die Darstellung Ihrer Aufgaben machen. Schließen Sie zunächst alle Aufgaben-Fenster, so dass Sie in der Listendarstellung Ihrer Aufgaben sind.

Wenn Sie Wert auf die Priorität legen, wählen Sie im Register „Ansicht" das Symbol „Priorität" aus. Falls Sie mehr Wert auf die Kategorien legen, wählen Sie die Ansicht „Kategorien" aus.

Bekommen Sie keinen Schreck, wenn Aufgaben in dieser Ansicht doppelt dargestellt werden. Outlook gruppiert automatisch nach den zugewiesenen Kategorien. Wenn Sie einer Aufgabe mehrere Kategorien zugewiesen haben, tauchen diese bei jeder zugewiesenen Kategorie wieder auf. Die Aufgaben werden aber nicht gedoppelt, es ist nur die Ansicht, die diesen Eindruck erweckt.

Neben der Gruppierung befindet sich jeweils ein kleines Dreieck. Mit einem Klick auf dieses Dreieck haben Sie die Möglichkeit, die Aufgaben der ausgewählten Kategorie zuzuklappen. Dadurch können Sie sich auf die Aufgaben der Kategorie konzentrieren, die Sie jetzt bearbeiten wollen. Ein weiterer Klick auf dieses Dreieck blendet die ausgeblendete Kategorie wieder ein, so dass Sie auch bei vielen Aufgaben den Überblick behalten.

Um alle Gruppen zu reduzieren oder zu erweitern finden Sie in der Gruppe „Anordnung" das Symbol „Erweitern/Reduzieren".

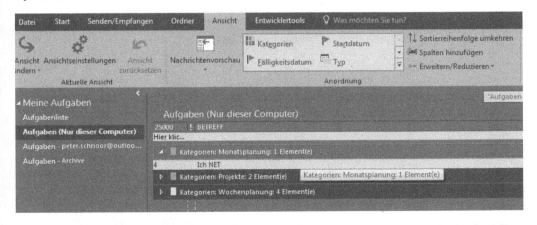

Abbildung 8: Wählen Sie in der Aufgabenübersicht eine Ansicht aus, die Ihre Einteilung am besten darstellt. Erweitern oder reduzieren Sie die Darstellung Ihrer Aufgaben. Dadurch konzentrieren Sie sich auf das Wesentliche.

Die Salamitaktik: Aufgaben zu Terminen machen

Irgendwann wird es ernst, und Sie müssen aus Ihren Aufgaben konkrete Termine machen. Schließlich wollen Sie Ihre Ziele ja auch erreichen, oder?

Sie legen jetzt für eine Aufgabe oder einen Teil davon den Tag und die Uhrzeit fest. Sie müssen die Aufgabe nicht an einem Tag erledigen, aber immerhin schon einmal damit beginnen. Mit der Salamitaktik kommen Sie auch zum gewünschten Ziel. Wenn Sie einen Teil der Aufgabe abgearbeitet haben, tragen Sie den prozentualen Anteil der Erledigung in Ihre Aufgabe ein, so haben Sie den Fortschritt Ihrer Ziele jederzeit im Blick. Und das ist ein Erfolg, der sie motiviert, weiterzumachen.

Zum Erstellen von Terminen aus den Aufgaben heraus hilft Ihnen wieder die Funktion zum Verschieben und Kopieren von Outlook Elementen weiter. Markieren Sie zunächst die Aufgabe, die Sie auf einen Termin legen wollen. Aktivieren Sie dann im Register „Start" das Symbol „Verschieben" und wählen Sie anschließend den Befehl „In Ordner kopieren" aus. Dadurch bleibt die Aufgabe bestehen und ein Termin wird erstellt.

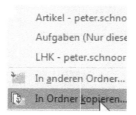

Abbildung 9:Kopieren Sie eine Aufgabe in den Ordner Kalender.

Wählen Sie im dann eingeblendeten Dialogfenster den Befehl „Kalender" aus. Mit einem Mausklick auf die Schaltfläche „OK" wird die Aufgabe kopiert und in Ihren Kalender eingetragen.

Falls das Terminfenster nicht geöffnet wird (das kann in Outlook 2010 vorkommen) werfen Sie einen Blick in die Taskleiste. Dort hat sich das Fenster dann versteckt und Sie öffnen es mit einem Mausklick. Wenn auch das nicht funktioniert, wechseln Sie direkt in die Kalenderansicht. Dort wird der Kalendereintrag am aktuellen Tag zur aktuellen Uhrzeit auftauchen. Mit einem Doppelklick auf diesen Eintrag wird das Terminfenster geöffnet.

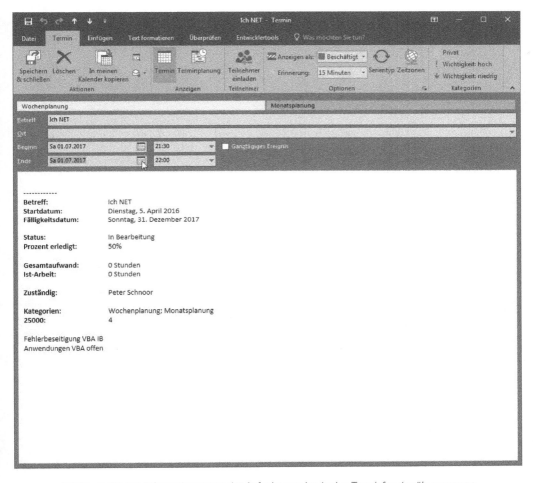

Abbildung 10: Alle Informationen aus der Aufgabe werden in das Terminfenster übernommen.

Im Kalender legen Sie dann noch die Beginn- und die Endzeit fest. Die in der Aufgabe festgelegten Kategorien und die Wichtigkeit werden automatisch mit in den Kalendereintrag übernommen.

Sobald Sie den Termin abgearbeitet haben, öffnen Sie die Aufgabe im Aufgabenmodul und legen den prozentualen Grad der Erledigung fest.

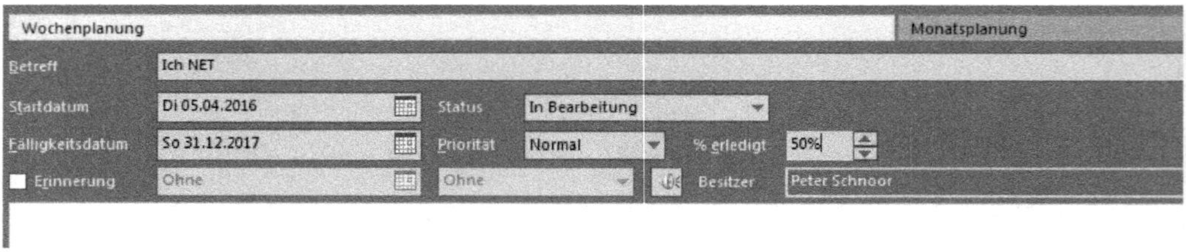

Wochenplanung					Monatsplanung
Betreff	Ich NET				
Startdatum	Di 05.04.2016	Status	In Bearbeitung		
Fälligkeitsdatum	So 31.12.2017	Priorität	Normal	% erledigt	50%
☐ Erinnerung	Ohne	Ohne		Besitzer	Peter Schnoor

Abbildung 11: Nachdem Sie Ihren Termin abgearbeitet haben notieren Sie in den Aufgaben, zu wie viel Prozent Ihre Aufgabe erledigt ist.

Pufferzeiten einplanen

Auch der beste Plan wird im Alltag nie genau so stattfinden, wie gedacht – es wird immer etwas dazwischenkommen, länger dauern oder anders laufen als erwartet. Ein guter Plan fängt dieses durch Pufferzeiten auf. Planen Sie daher nach der 60:40-Regel. Wenn Sie also einen achtstündigen Arbeitstag haben, so verplanen Sie nur bis zu fünf Stunden davon. Wenn tatsächlich einmal alles wie geplant läuft, widmen Sie sich in der übrigen Zeit den verbleibenden Aufgaben.

Bei der effektiven Tagesplanung sollten Sie Folgendes berücksichtigen: Verzögerungen, Pannen, Störungen und Unterbrechungen müssen aufgefangen werden. Konzentrieren Sie sich auf das Wesentliche (ABC-Analyse oder Eisenhower-Methode). Diese Termine planen Sie als Erstes ein und erledigen sie konsequent.

Und ganz wichtig: Erledigen Sie nur eine Sache zurzeit. Dadurch steigt die Konzentration und Sie werden schneller fertig.

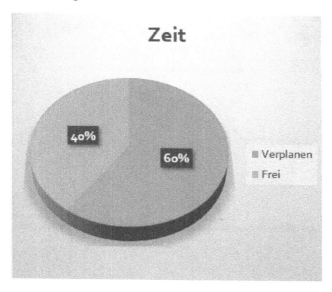

Abbildung 12: Planen Sie in Ihren Zeitplan Pufferzeiten ein, denn erfahrungsgemäß kann es immer wieder zu Störungen der geplanten Abläufe kommen.

Vom Termin zur E-Mail

Auch Ihre Termine können Sie direkt in eine Nachricht verwandeln. So haben Sie die Möglichkeit, weitere Personen über Ihre Termine zu benachrichtigen oder zur Unterstützung anzufordern.

Ziehen Sie dazu den Termin mit gedrückter linker Maustaste in den E-Mailbereich. Dann öffnet sich das Nachrichtenfenster und Sie müssen nur noch den oder die Empfänger auswählen.

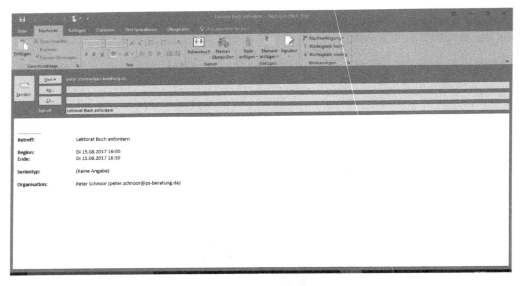

Abbildung 13: Erstellen Sie aus einem Termin eine Nachricht.

Von einer E-Mail zum Termin oder zu einer Aufgabe

Es geht auch anders herum. Auf Basis von E-Mails können Termine oder Aufgaben entstehen. Aber das ist kein Problem. Entweder Sie ziehen die Nachricht auf das gewünschte Modul oder Sie wählen im Nachrichtenfenster „Verschieben", „In Ordner verschieben" aus und entscheiden sich dann für das gewünschten Verzeichnis.

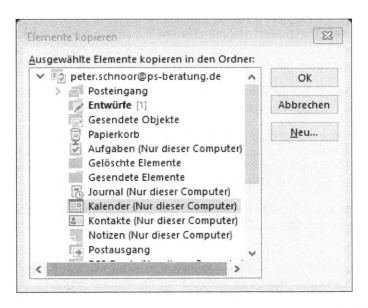

Abbildung 14: Erstellen Sie aus einer Nachricht einen Termin oder eine Aufgabe.

E-Mails mit AHA Effekt

Nachdem Sie Ihre Ziele jetzt klar im Blick haben und diese auch terminiert sind, bleibt immer noch der Nachrichtenbereich zum Bearbeiten übrig.

Kommen Sie vor lauter E-Mails nicht mehr zum Arbeiten? Dann sollten Sie sich mal überlegen, ob Sie tatsächlich jederzeit per E-Mail erreichbar sein müssen und ob Sie tatsächlich sofort auf eine E-Mail reagieren sollten. Wenn das nicht der Fall ist, gönnen Sie sich E-Mail freie Zeiten, an denen Sie an Ihren eigentlichen Aufgaben arbeiten können. Schalten Sie alle störenden Informationen aus. Probieren Sie es einmal aus:

Aktivieren Sie das Register „Datei" und wählen Sie dort die „Optionen" aus. Klicken Sie in den „Kategorien" auf „E-Mail". Nehmen Sie alle Haken aus den Kontrollkästchen im Bereich „Nachrichteneingang" raus. Schon können Sie in Ruhe Ihre Aufgaben abarbeiten, ohne ständig gestört zu werden.

Schauen Sie dann zur gegebenen Zeit in den Posteingang, um Ihre E-Mails in aller Ruhe abzuarbeiten. Wenden Sie dazu idealerweise den AHA Effekt an:

Abfall: Das Beste und Zeitsparendste, was Sie mit eingehenden Mails tun können: entfernen. Das hört sich zunächst hart an, hilft aber gewaltig weiter. Löschen Sie alles, was Sie unbedenklich eliminieren können. Oft reicht für diese Entscheidung schon ein Blick auf den Absender und auf die Betreffzeile.

Sofortiges **H**andeln: Wichtige Nachrichten, die zusätzlich dringlich sind, bearbeiten Sie sofort. Auch Nachrichten, die Sie in kürzester Zeit beantworten können, erledigen Sie unmittelbar.

Ablage: Wenn die Bearbeitung einer Nachricht mehr als fünf Minuten dauern würde und nicht sofort erledigt werden muss, sortieren Sie diese in einen Unterordner. Nennen Sie den Unterordner dann idealerweise „Ablage". Durch die Suchfunktionen von Outlook finden Sie die abgelegte Nachricht jederzeit schnell wieder und können diese dann in Ruhe bearbeiten.

Auch für die Kennzeichnung von Nachrichten stehen Ihnen Funktionen zur Verfügung.

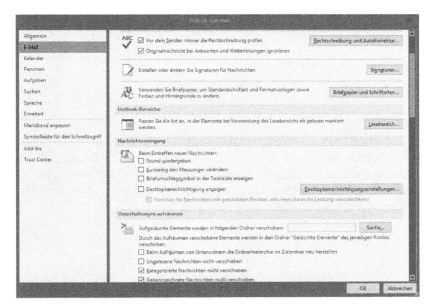

Abbildung 15: Lassen Sie sich nicht durch dauernde Nachrichteneingänge stören. Schalten Sie alle Hinweise beim Eintreffen einer neuen E-Mail aus.

Die Übersicht in der E-Mail Flut behalten

Die Nachrichtenflut können Sie zwar für einige Zeit ausblenden, aber dadurch noch nicht beseitigen. Selbst nach dem Löschen zahlreicher Nachrichten bleiben erfahrungsgemäß noch eine ganze Anzahl an E-Mails übrig, die bearbeitet werden wollen. Aber dafür gibt es einige Hilfsmittel, mit der Sie die Übersicht behalten.

Das ABC Prinzip auch für Nachrichten anwenden

Der einfachste Weg, um wichtige Nachrichten aus der E-Mail Flut herauszufischen bietet wieder die ABC-Analyse. Arbeiten Sie Ihre Mitteilungen nach folgender Methode durch:

A = Wichtig für Ihre Ziele, stellen Sie für diese Nachrichten die Wichtigkeit auf „Hoch" ein.

B = Weniger wichtig für Ihre Ziele, lassen Sie diese Nachrichten unangetastet.

C = Nicht wichtig, müssen aber trotzdem bearbeitet werden. Stellen Sie für diese Nachrichten die Wichtigkeit auf „Niedrig" ein.

Schon wissen Sie, in welcher Reihenfolge Sie Ihre Nachrichten bearbeiten müssen.

Leider bietet Outlook an der Oberfläche nur die Möglichkeit, eine Nachricht zu kennzeichnen oder nicht zu kennzeichnen. Mit einem kleinen Trick können Sie aber trotzdem die ABC-Analyse anwenden. Öffnen Sie dazu die gewünscht E-Mail mit einem Doppelklick. In dem jetzt eingeblendeten Fenster klicken Sie in der Gruppe „Markierungen" auf den kleinen Pfeil in der unteren rechten Ecke. Das Dialogfenster „Eigenschaften" wird eingeblendet. Klicken Sie hier auf das Auswahlfeld „Wichtigkeit". Schon stehen Ihnen alle drei Einstellungen zur Verfügung. Wählen Sie die gewünschte Wichtigkeit nach der ABC-Analyse aus. Mit einem Klick auf die Schaltfläche „Schließen" wird Ihre Eingabe übernommen.

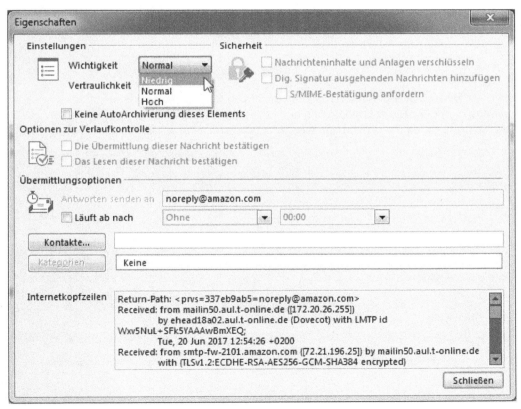

Abbildung 16: Wenden Sie die ABC-Analyse auch auf Ihre E-Mails an.

Nach dem Schließen des Nachrichtenfensters sehen Sie diesen Eintrag in der Liste Ihres Posteingangs. Damit Sie die Nachrichten im Sinn der ABC-Analyse abarbeiten können, stellen Sie die Liste entsprechend dar. Aktivieren Sie dazu das Register „Ansicht". Klicken Sie in der Gruppe „Anordnung" auf das Symbol „Anordnen nach". Wählen Sie im daraufhin eingeblendeten Auswahlmenü den Eintrag „Priorität" aus. Klicken Sie nochmals auf das Symbol „Anordnen nach" und aktivieren Sie dann den Befehl „In Gruppen anzeigen". Jetzt sehen Sie alle Ihre Nachrichten in der richtigen Reihenfolge und können diese anhand der Wichtigkeit abarbeiten.

Abbildung 17: Die ABC Analyse im Posteingang gruppiert darstellen.

Die E-Mails innerhalb der einzelnen Gruppen können Sie jederzeit mit einem Klick auf das Dreieck vor der jeweiligen Gruppierung ein- oder ausblenden. Dadurch erhöht sich die Übersichtlichkeit, da Sie sich nur auf eine Priorität zurzeit konzentrieren können.

Posteingang	Alle ▾
◢ Hoch	
Facebook Wöchentliche Aktualisierung für die Facebook-Seite Peter Schnoor Fachbuch See insights about your Page between 24. Juni and 1. Juli.	! Sa 01.07
Normal Priorität: Normal: 4 Element(e)	
Facebook Wöchentliche Aktualisierung für die Facebook-Seite Peter Schnoor Fachbuch See insights about your Page between 14. Juni and 21. Juni.	↓ 21.06.2017

Abbildung 18: Mit dieser Übersicht fällt es leicht, Nachrichten nach der jeweiligen Priorität zu bearbeiten.

Unterhaltung einschalten, oder lieber doch nicht?

Eine weitere Möglichkeit, Übersicht in das Chaos zu bekommen, bietet die Funktion „Unterhaltungsübersicht". Diese finden Sie im Register „Ansicht" in der Gruppe „Nachrichten". Hier setzen Sie einen Haken in das Kontrollkästchen „Als Unterhaltung anzeigen".

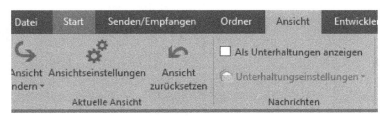

Abbildung 19: Im Register „Ansicht" schalten Sie die Darstellung als Unterhaltung ein oder aus.

Danach werden Sie gefragt, ob Sie nur den ausgewählten Ordner als Unterhaltung angezeigt bekommen wollen oder aber alle Postfächer. Wählen Sie hier die Schaltfläche „Alle Postfächer" aus.

Abbildung 20: Wählen Sie bei der Anzeige als Unterhaltung alle Postfächer aus.

Dadurch werden alle Nachrichten mit dem gleichen Text in der Betreff-Zeile als so genannter Thread angezeigt. Die Nachrichten mit dem gleichen Betreff werden dann gruppiert angezeigt. Diese Threads haben vor jeder Gruppierung ein kleines Dreieck. Mit einem Klick auf dieses Dreieck werden die zu dieser Unterhaltung gehörenden E-Mails angezeigt oder ausgeblendet.

▷ *Artikel zu Office*		⚑ ⟩
Matthias	Fr 04.08	
◢ VPN Zugang		
Sebastian	Mo 31.07	
Sebastian	Mo 31.07	📎 ⤺
Sebastian	Di 01.08	⤺
Sebastian	Fr 04.08	📎 ⤺
Sebastian	Fr 04.08	
Sebastian	Fr 04.08	⤺
Sebastian	Fr 04.08	⤺
Sebastian	Di 01.08	
▷ Verträge		
Marco	Fr 04.08	

Abbildung 21: Denken Sie daran, Unterhaltungen mit einem Klick auf das kleine Dreieck zu öffnen. Erst dann sehen Sie alle zu dieser Unterhaltung gehörenden Nachrichten.

Falls Sie viele E-Mails mit gleicher Betreff Zeile bekommen, wird Ihr Posteingang dadurch übersichtlicher. Sie müssen nur daran denken, die Nachrichten in den Gruppierungen dann auch anzuzeigen, sonst besteht die Gefahr, dass Sie eine Nachricht übersehen. Sie müssen also immer auf das kleine Dreieck achten und es bei Bedarf anklicken.

Falls Ihnen diese Funktion keine Erleichterung im Posteingang bietet, entfernen Sie den Haken aus dem Kontrollkästchen „Als Unterhaltung anzeigen" wieder.

Suchordner anlegen

Eine weitere großartige Möglichkeit, den Überblick im Posteingang zu behalten, bieten die Suchordner. Mit diesen Ordnern definieren Sie, welche Nachrichten Sie sehen wollen. Die Suchordner sind virtuelle Ordner, sie nehmen also keinen Platz auf dem Datenträger in Anspruch. Sie finden die Suchordner unterhalb des Posteingangs.

Zum Erstellen eines neuen Suchordners aktivieren Sie zunächst das Register „Ordner". Klicken Sie hier in der Gruppe „Neu" auf das Symbol „Neuer Suchordner". Das gleichnamige Dialogfenster wird eingeblendet.

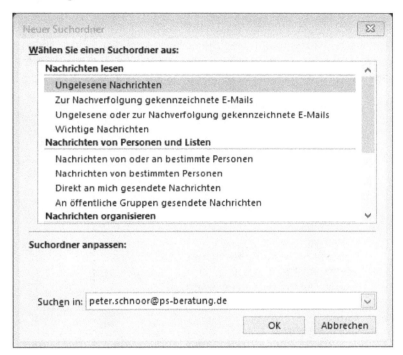

Abbildung 22: Richten Sie neue Suchordner ein.

In diesem Dialogfenster werden mehrere Kategorien mit den dazugehörigen Suchordnerfunktionen angezeigt. Wählen Sie zum Beispiel den Suchordner „Ungelesene Nachrichten" aus und klicken Sie dann auf die Schaltfläche „OK". Jetzt wird der Suchordner angelegt und geöffnet. In diesem Suchordner werden nur die Nachrichten angezeigt, die Sie noch nicht gelesen haben. Wenn Sie wieder in den Posteingang wechseln, sehen Sie dort alle Nachrichten, auch die ungelesenen. Sie haben sich also einen Suchordner angelegt, in dem nur die ungelesenen Nachrichten angezeigt werden, die Sie jetzt in Ruhe bearbeiten können.

Wen Sie die ABC-Analyse auf Ihre E-Mails anwenden, ist der Suchordner „Wichtige Nachrichten" gut geeignet. Oder noch viel besser: Wählen Sie in der Kategorie „Nachrichten Organisieren" den Suchordner „Kategorisierte E-Mail" aus. Bevor Sie auf die Schaltfläche „OK" klicken, schauen Sie in den unteren Bereich des Dialogfensters. Bei diesem Suchordner können Sie noch weitere Vorgaben einstellen.

Im Auswahlfeld „Auswählen" steht standardmäßig „Alle Kategorien". Mit einem Klick auf die Schaltfläche „Auswählen" werden die „Farbkategorien" eingeblendet. Sie aktivieren mit einem Klick in den entsprechenden Kontrollkästchen die gewünschten Kategorien (zum Beispiel A und B) und klicken dann auf die Schaltfläche „OK". Erstellen Sie den Suchordner durch einen nochmaligen KLICK auf die Schaltfläche „OK". Jetzt werden in diesem Ordner alle ausgewählten Kategorien dargestellt.

Falls Sie in der Auswahl der vorgefertigten Suchordner nicht das richtige finden, wählen Sie im Dialogfenster „Neuer Suchordner" den letzten Eintrag aus: „Benutzerdefinierten Suchordner erstellen". Klicken Sie dann auf die Schaltfläche „OK".

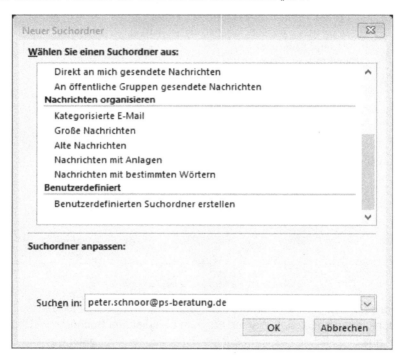

Abbildung 23: Mit dem Erstellen von benutzerdefinierten Suchordnern haben Sie eine breite Palette an Möglichkeiten, Ihre Nachrichten schnell wiederzufinden.

Sie werden aufgefordert, einen Namen für den neuen Suchordner einzugeben. Tippen Sie in das Fenster „Name" einen Namen für Ihren Suchorder ein und klicken Sie anschließend auf die Schaltfläche „Kriterien".

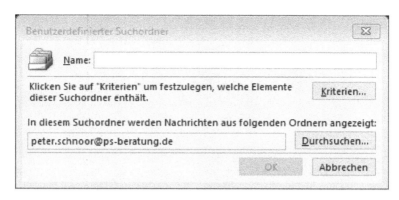

Abbildung 24: Mit Hilfe der Kriterien legen Sie genau fest, welche Nachrichten Sie finden wollen.

Das Dialogfenster „Suchordnerkriterien" wird eingeblendet. In diesem Fenster legen Sie genau fest, welche Nachrichten in diesem Suchordner angezeigt werden sollen. In diesem Beispiel wird nach allen Nachrichten gesucht, die in einem der häufig verwendeten Textfelder den Begriff „Projekt" enthalten.

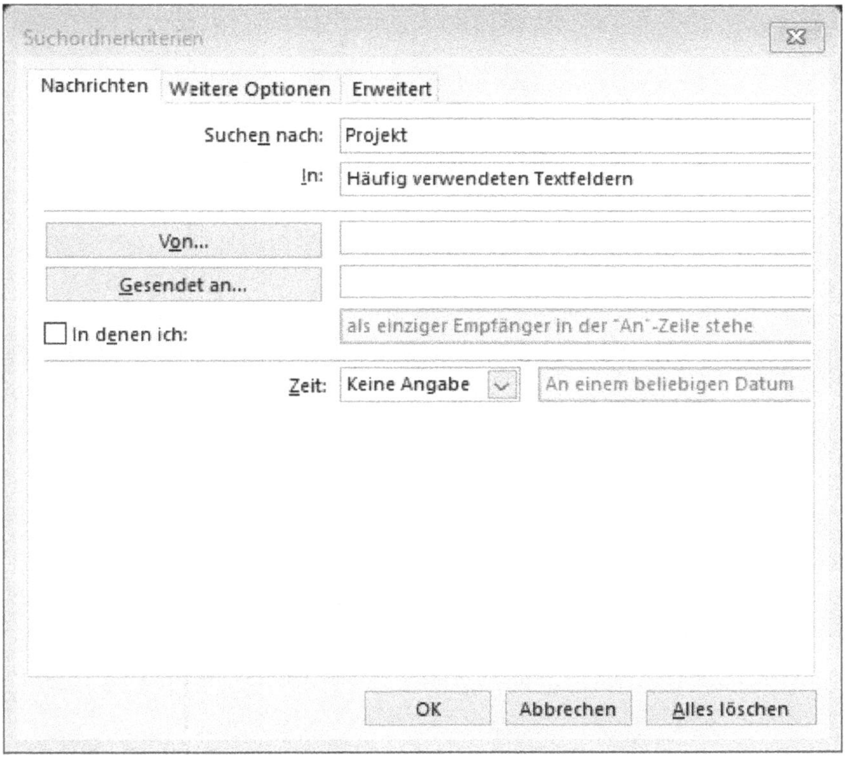

Abbildung 25: Beispiel einer Kriterienauswahl.

Mit einem Klick auf das Register „Weitere Optionen" öffnet sich die nächste Seite der Einstellmöglichkeiten. In diesem Fenster wählen Sie zunächst ein oder mehrere der ntrollkästchen aus. Dadurch werden im rechten Fensterbereich Auswahlfelder aktiviert, deren Inhalten Sie sich das gewünschte Kriterium auswählen.

Abbildung 26: Es sind noch weitere Optionen möglich.

Wenn Ihnen diese Auswahl noch immer nicht reicht, aktivieren Sie das Register „Erweitert". In diesem Fenster haben Sie die Möglichkeit, beliebige Felder aus Ihren Nachrichten auszuwählen und Suchkriterien hierfür einzugeben.

Abbildung 27: Sie haben sogar die Möglichkeit, nach beliebigen Feldern zu filtern.

Mit einem Klick auf die Schaltfläche „OK" werden Ihre Suchkriterien übernommen und der neue Suchordner wird geöffnet.

Sie können die Suchkriterien auch jederzeit wieder ändern. Markieren Sie dazu den entsprechenden Suchordner und klicken Sie dann im Menü auf das Symbol „Diesen Suchordner anpassen".

Für Freunde der rechten Maustaste: Klicken Sie mit der rechten Maustaste auf den zu ändernden Suchordner und wählen Sie im dann angezeigten Kontextmenü auf den Befehl „Diesen Suchordner anpassen".

Suchordner können Sie auch jederzeit umbenennen oder löschen. Die Befehle dazu finden Sie im Menüband („Ordner umbenennen", „Ordner löschen") oder im Kontextmenü über die rechte Maustaste.

Ł
Koɩ
aus

Unterordner erstellen, wie viel darf es sein?

Wenn Ihnen die Suchordner nicht gefallen, können Sie eigne Unterordner anlegen, in die Sie die entsprechenden Nachrichten dann verschieben. Hier besteht aber die Gefahr, zu viele Unterordner anzulegen, was dann wieder sehr unübersichtlich werden kann.

Was halten Sie von einem einzigen Unterordner? Das schafft Platz und Übersicht. Die Suchfunktionen von Outlook sind mittlerweile so gut geworden, dass Sie sich das Verschieben und das Bearbeiten in mehreren Unterordnern ersparen können.

So legen Sie einen neuen Unterordner an

Klicken Sie auf den „Posteingang". Wählen Sie im Register „Ordner" das Symbol „Neuer Ordner" aus. Das Dialogfenster „Neuen Ordner anlegen" wird eingeblendet. Tippen Sie in das Feld „Name" einen Namen für Ihren Ordner ein. Wenn Sie sich dazu entschieden haben, mit nur einem Unterordner zu arbeiten, nennen Sie den Ordner zum Beispiel „Sammler". Klicken Sie dann auf die Schaltfläche „OK".

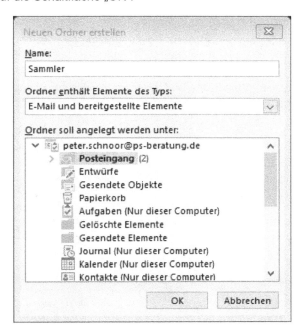

Abbildung 28: Ein Unterordner ist schnell erstellt.

Ihr Unterordner wird angelegt und unterhalb des Posteingangs dargestellt. Falls das nicht so ist, klicken Sie auf das kleine Dreieck, dass sich vor Ihrem Posteingang befindet. Dadurch werden alle Unterordner angezeigt.

Abbildung 29: Ihre Unterordner werden im Posteingang angezeigt.

So verschieben Sie Nachrichten aus dem Posteingang in den Unterordner

Zum Aufräumen im Posteingang markieren Sie die Nachrichten, welche Sie in den Unterordner „Sammler" verschieben möchten. Um mehrere Nachrichten, die direkt untereinanderstehen, zu markieren, klicken Sie zunächst auf die erste Nachricht und anschließend mit gerückter „Shift-Taste" auf die letzte Nachricht. Zum Markieren von Nachrichten, die nicht direkt untereinanderstehen, halten Sie beim Klicken die „ESC-Taste" gedrückt.

Ziehen Sie die markierten Nachrichten jetzt mit gedrückter linker Maustaste in Ihren Unterordner, der im Navigationsbereich dargestellt wird. Schon verschwinden diese E-Mails aus Ihrem Posteingang und landen im ausgewählten Unterordner.

Eine weitere Möglichkeit zum Verschieben Ihrer E-Mails erhalten Sie durch einen Klick mit der rechten Maustaste auf die markierten Nachrichten. Im eingeblendeten Kontextmenü ziehen Sie den Cursor auf den Befehl „Verschieben" und klicken dann auf den gewünschten Unterordner.

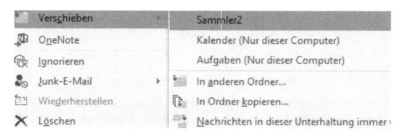

Abbildung 30: Verschieben Sie Nachrichten vom Posteingang in einen Unterordner.

Nachrichten bequem mit einem Quickstep verschieben

Noch einfacher machen Sie sich das Verschieben von Nachrichten mit einem Quickstep. Ziehen Sie dazu im Register „Start" in der Gruppe „QuickSteps" den Cursor auf den Befehl „Neue erstellen", „Neuer QuickStep". Wählen Sie dann den Befehl „In Ordner Verschieben" aus.

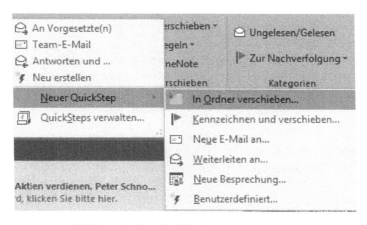

Abbildung 31: Erstellen Sie einen neuen QuickStep.

Das Dialogfenster „Erstes Einrichten" wird eingeblendet. Tippen Sie in das Feld „Name" zum Beispiel „Mein Unterordner" ein. Wählen Sie anschließend im Auswahlfeld „Ordner auswählen" den gewünschten Unterordner aus. Lassen Sie die Haken in den Kontrollkästchen „In Ordner verschieben" und „Als gelesen markieren" stehen. Klicken Sie abschließend auf die Schaltfläche „Fertig stellen".

Abbildung 32: Mit diesem Quickstep werden Ihre Dateien blitzschnell verschoben.

Ihr neuer QuickStep ist eingerichtet und erscheint in der Auflistung der QuickSteps. Markieren Sie jetzt die zu verschiebenden Nachrichten und klicken Sie dann auf diesen QuickStep. Ihre Nachrichten werden dadurch in den Unterordner verschoben.

So suchen Sie komfortabel

Nachdem Sie Ihren Unterordner angelegt haben und dieser unübersichtlich wird, setzen Sie die Suchtools von Outlook ein. Die Nachrichten in Ihrem Unterordner „Sammler" können Sie jederzeit nach unterschiedlichen Kriterien suchen und finden. Dazu müssen Sie sich die Nachrichten nicht manuell einzeln ansehen, sondern Sie nutzen die Suchfunktionen von Outlook.

Oberhalb der Nachrichten in Ihrem „Posteingang" befindet sich ein Suchfenster. Hier steht standardmäßig der Satz „Aktuelles Postfach durchsuchen" drin. Sobald Sie in dieses Fenster klicken, werden im Menüband die „Suchtools" aktiviert. Klicken Sie hier auf das Symbol „Allen Postfächern". Dadurch werden Ihre Suchanfragen in allen Postfächern durchgeführt.

Tippen Sie jetzt einen Suchbefehl in das Suchfenster ein. Daraufhin werden alle gefundenen E-Mails im Nachrichtenbereich angezeigt. Bei dieser Suchanfrage wird in allen Nachrichtenbereichen nach dem gesuchten Begriff gesucht.

Wenn Sie zu viele Treffer haben, verfeinern Sie die Suche mit Hilfe der „Suchtools", die jetzt als Registerblatt eingeblendet sind. Hier können Sie zum Beispiel auswählen, ob Sie nur in der „Von-Zeile", oder nur in der „Betreff-Zeile" suchen möchten. Das Suchfenster wird um jeden Eintrag, den Sie auswählen, erweitert. Die Sucheinträge tippen Sie dann für jedes ausgewählte Feld ein. Die komplette Suchsyntax wird im obersten Suchfenster angezeigt.

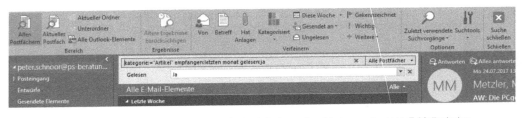

Abbildung 33: Die Suchfunktionen von Outlook finden schnell jede gewünschte E-Mail wieder.

Weitere spezielle Einstellungen finden Sie über den Befehl „Weitere".

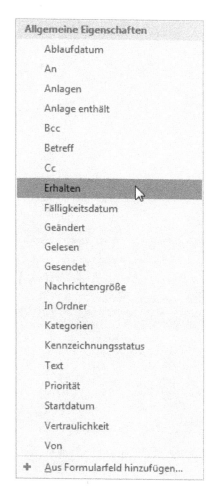

Allgemeine Eigenschaften

Ablaufdatum

An

Anlagen

Anlage enthält

Bcc

Betreff

Cc

Erhalten

Fälligkeitsdatum

Geändert

Gelesen

Gesendet

Nachrichtengröße

In Ordner

Kategorien

Kennzeichnungsstatus

Text

Priorität

Startdatum

Vertraulichkeit

Von

✚ Aus Formularfeld hinzufügen...

Abbildung 34: Mit den zusätzlichen Suchfunktionen bleiben keine Wünsche offen.

Sie brauchen sich die Syntax einer erfolgreichen Suche nicht aufzuschreiben. Outlook merkt sich Ihre letzten Suchbegriffe und mit einem Klick auf das Symbol „Zuletzt verwendete Suchvorgänge" in den „Suchtools" holen Sie Ihre vorherigen Suchen wieder an die Oberfläche. Mit einem Klick auf eine Suchsyntax wird die ausgewählte Suche erneut ausgeführt.

Falls das Register „Suchtools" nicht sichtbar sein sollte, müssen Sie in das Suchfenster oberhalb Ihrer Nachrichten klicken.

Mit einem Klick auf das Symbol „Suche schließen" beenden Sie die Suchfunktionen.

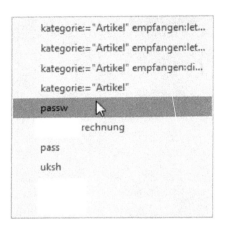

Abbildung 35: Ausgeführte Suchfunktionen werden gespeichert und können jederzeit wieder aufgerufen werden.

Viel erreichen: Das Pareto – Prinzip

Viel zu oft halten wir uns mit unwichtigen Dingen auf oder tun Dinge, die uns überhaupt nicht näher an unser Ziel bringen. Langes Surfen im Internet, schnell noch neben der eigentlichen Arbeit die E-Mails oder Whats-App Nachrichten auf dem Handy prüfen. Es gibt vieles, was uns von unseren eigentlichen Aufgaben abhält.

Damit Sie Ihrem Ziel schnell näherkommen, sollten Sie an einem Tag möglichst viel erreichen. Dabei hilft Ihnen das Pareto Prinzip weiter. Es ist benannt nach Vilfredo Pareto (1848–1923). Das Prinzip besagt, dass 80 % der Ergebnisse mit 20 % des Gesamtaufwandes erreicht werden. Die verbleibenden 20 % der Ergebnisse benötigen mit 80 % die meiste Arbeit. Daher wird dieses Prinzip auch häufig 80-zu-20-Regel genannt. Das Pareto Prinzip können Sie auch als Zeitmanagementmethode einsetzen.

Mit Hilfe Ihrer Prioritäten (ABC-Analyse oder Eisenhower-Prinzip) erledigen Sie zuerst die wichtigen Aufgaben und kommen Ihrem Ziel damit ein großes Stück, im Idealfall 80 %, näher.

Bei richtiger Verteilung Ihrer Prioritäten lassen sich häufig mit 20 Prozent Aufwand 80 Prozent der gesamten Arbeit erledigen. Dinge, die Sie nicht weiterbringen, lassen Sie am besten ganz weg. Wenn Sie das berücksichtigen, haben Sie Ihre Ziele schnell und ohne großen Aufwand erreicht.

Epilog

Vielen Dank, dass Sie dieses Büchlein erworben haben. Ich hoffe, es hilft Ihnen weiter. Wenn Sie vielleicht auch nicht alle Anregungen umsetzen können, suchen Sie sich das Optimale für Ihren Arbeitsalltag heraus und wenden Sie es an. Sie werden sehen, es hilft Ihnen Zeit zu sparen, sich auf das Wichtige zu konzentrieren und die Datenflut einzudämmen. Wenn Ihnen der Beitrag gefallen hat, freue ich mich über eine positive Rezension. Sollten Sie Fehler entdecken oder Anregungen zum Thema haben, schicken Sie mir gerne eine Nachricht:

Peter.schnoor@ps-beratung.de

Das Schöne an einem E-Book ist ja, dass ich schnell reagieren kann.

Ich freue mich auf Ihre Nachricht.

Peter Schnoor

Besuchen Sie auch meine Autorenseite:

https://www.amazon.de/Peter-Schnoor/e/B00458J09A

Auf meiner Website finden Sie Tipps und Tricks:

http://www.ps-beratung.de/tipps

www.ingramcontent.com/pod-product-compliance
Lightning Source LLC
Chambersburg PA
CBHW030942070326
40689CB00042B/1579